U0070720

解夢：01-49號發財祕笈
（539、大樂透、六合彩）

奇來兒　著

台灣政府所發行的彩券有 539、大樂透、威力彩。

539：開獎日期為每個星期一至星期六，一星期為 6 天，號碼為 01 ～39。

大樂透：開獎日期為每個星期二、五二次號碼為 01～49。

威力彩：開獎日期為每個星期一、四二次。號碼為 01～38。外加第二區號碼為 01～08。

香港六合彩：開獎日期為每個星期二、五二次。（香港六合彩會因為政府的不確定因素，因此開獎日期也會有所變動，請讀者自己查詢。

解夢

01-49 號發財祕笈

前言

一、很少人睡覺不會做夢，只是他們睡的沉或根本就懶得去回想夢境，但夢境能對未來有啟示的作用，除了預知你將發生的事，很少人會認真的去思索，其實，若你能將夢境的情形詳細記載下來並剖析時，夢境還有一個讓大家覺得不可思議的是，會解夢能帶給你一筆天賜的意外之財，有小，有大，但憑個人的造化，既能如此，我們可不要錯失這良好的機會。希望透過這本 01～49 號發財祕笈，能讓大家都發財做個有錢人。

二、一般讀者會被號碼到底怎麼出？出在那裡？要解釋為何種號碼所

混淆。疑惑？現在，重點來了，首先問你自己，你是熱衷台灣的539，大樂透或是香港的六合彩。(尤其是指民間的)

譬如：夢見很多行李，那就是指39無誤，而當大樂透或六合彩時，除了39又可解為44，又如果你的行李打開，裡面放著衣服整齊的疊放著時又需加上34一支，有時點出1支有時又可同時一起出，端看當時的夢境。

三、當夢境裡出現大量相同的人或物時，務必注意雙生牌。如出現很多衣服時，539解33而大樂透和六合彩除了33之外必須加上43，甚至於也有可能3尾出現2～3支。又如果你的夢境很清楚而你又偏好33時，不妨下孤支

解夢

的 33，就是所謂的跑「車」。但假如開牌日期重疊而你本身又玩多種組合那麼我建議你們如果要下注時，本來要下 1 碰或可改成 0.5 或 0.25，只要號碼有開或許金額少些，但中獎機率相對提高，這裡不是鼓勵大家多投注，而是儘量以小金額換取大倍數，終究還是謹慎的量力而為。

要如何記住夢境？不妨在床邊放本小冊子，一支筆，一旦醒時趕緊將大約情形記下，並依照書本上的指引來解析號碼，一旦寫中請用紅筆在數字旁加以註記是 539？大樂透？還是六合彩？對於數字的遊戲除了經驗最重要是直覺和耐心，把它當作一種小投資或消遣，得失心是會有的，但這種由政府所主導的博奕將會一

直延續下去。下面將是 01～49
的號碼解析。

01-49 號發財祕笈

色彩所代表的號碼

〈01〉黑色

〈02〉白色

〈03〉黃色

〈04〉綠色，色彩繽紛

〈05〉藍色

〈06〉橙色

〈07〉紫色，紫紅色

〈08〉灰色

〈09〉金色

〈10〉紅色，大紅色

〈11〉銀色，粉紅色

〈12〉青色，藏青色

〈31〉指有條紋的色彩

顏色的代表號碼準確度 99%
如果使用當期沒出，請繼續使用。
（最多不超過 3 期）

01

老鼠，黑色，企業領袖（郭名銘，川普）。

國家元首（馬英馬、李登輝、蔡英文、川普）。

嬰兒，小孩，爺爺，奶奶，外婆，老尼姑，老修女，大姆指，手上戴了一個戒指，吃了 1 個水果，中了頭獎，刷牙，女人畫口紅，拿筆寫字，腳踢足球，針，一條蛇，嘴含吸管喝果汁，手上拿個水果，狗搖尾巴，核桃，小刀片，神明（觀世音菩薩、玉皇大帝），煮午餐，煮草藥，送食烹飪，左方，老人，祖父母，活過來，男人爬樹，太陽。生肖屬鼠的人（如羅碧玲）。

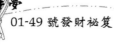

解夢
01-49 號發財祕笈

02

白色的，自己低頭洗頭，白長裙，白襯衫，鴨鵝飛禽，鳥籠，航空公司，小飛機，飯店大旅館，酒店，遊樂場，渡假村，哭鬧，流眼淚，大人平口內褲，抱在懷中的嬰兒，右方，窗戶，寬的，牛隻，裸體的小孩，接吻，坐在馬桶上，媽媽，乳房，摸小孩子的頭，在髮廊被洗頭，2 大罐蜂蜜，二個哈蜜瓜，2 個銅板，麻將自摸卡 2 餅，2 條，2 萬，女的爬樹。

03

異國風景，小鳥，燕子，洋娃娃，玩偶，外國人，西餐廳，走跳方格子路，下棋棋盤，買魚，洗衣服，外公，獵人，短的雨傘，勇士，水籠頭在滴水，洗臉盆的水是滿的，高山，好人，黃色的，煮熟的蝦子，貓，蝴蝶，生肖屬虎，千元大鈔，3 個汽球。(罐頭，物件指圓形，數目為 3 的)

04

樹上長滿果實，銅板在口袋內，水族館，禮物，四周很多螞蟻，綠色，色彩繽粉（彩色的），鼓，吃東西，昆蟲，海，湖泊，站在大石頭上，親切的老師，引人注意的女少，一部四方形的電扇，自己坐在馬桶上，馬桶內全是屎，方形坐墊，樹林，女同事，餐廳水族箱，手腳，棺材，零食，粽子，老虎，當打牌時自摸卡 4 餅，卡4 萬，卡 4 條。

05

洗臉，看見鏡中的自己，盆栽，花盆，馬群，蛇群，野放的豬，逃竄鑽洞的老鼠群，採摘草藥，花木，簡易午餐，飛馳的機車，手上戴了 1 支手錶，手鍊，藍色，手中握了 1 個銅板，1 隻未穿在腳上的鞋，毒蠍子，招財貓，外套，造形，臉上塗滿化粧品，自己在梳頭，萬，冰淇淋，鳳梨，手中拿了一個圓形的水果，開口的蛤仔，楊桃，水果切成 2 半，粽子，玉器，揮手，龍，船，打牌自摸卡（5 萬、5 條、5 餅）。

06

蛇，太陽，花園，公園，校園，庭園，廣場，下雨，笛子，電線，竹竿，鐵軌，釣餌，椅子，香蕉，條瓜，逃亡，剪刀，在花園修剪花木，蕾絲，空姐，很累，跳蚤市場，吊點滴，尿液，書局，麻將西風，白頭翁，熱的早餐，空屋，豪華，廁所，活螃蟹，孕婦，蝦子在水裡游。

07

黃金，女醫生，孕婦，穿白色裝，尼姑，金色的，護士，橋，白馬，悠閒騎著馬，土地婆，吊車，女人，自己在梳頭，升降梯，情人，女生，臭的，牙醫，水族箱，遊戲，彈琴，西方，千，卡片，鏡子，手槍，裸體的女人。

08

帽子，剪刀，父親，水果很多長在樹上（龍眼，荔枝），剝皮的香蕉，晚餐，晚宴，溫和魚類，地震，牛羊鹿駝獸，收傘，開車的司機，眼鏡，葫蘆，屁股，很多牛隻，綁鞋帶，烏龜，男人裸體，章魚，芭樂，死去的爺爺，車主，簽牌，自己開車，半熟，螃蟹，吃醋，百，樂譜，搬家，骨頭，大明星（男、女），湯姆克魯斯，李連杰，約翰屈伏塔，林青霞，莎莉塞隆……

09

喝酒,酒類,神父,金色的,黃金,
國王,高山,紅色,豪雨,大象,烏
龜,惡狗,神仙,土地公,老闆,教
堂,廟宇,出殯,陳水扁,月老,
米,戀愛,舅舅,立著的圖形,電風
扇,天空。

10

玉米，傳統手工烹飪，女人在畫口紅，赤腳，穿了一雙涼鞋，煙盒，1雙襪子，軍警衛兵，結婚，當兵，踢球，打架，謀殺行動，豬舍，雞舍，一顆蛋或吃了一粒糖果，藥，百元紙紗，時鐘，一條香腸，原地，去世，和解，十指破大洞，偷窺，圍事，紅蕃茄，洞穴。

11

信件，二條腿，甘蔗，和尚，走奇怪
小路，特殊孩童，寫信，讀信，小
鬼，粉紅色，拜拜用的香，筷子，髮
夾，多條掛著的香腸，弟弟，姨丈，
女警，警察，長耳環，景象，墓碑，
雞爪，高跟鞋，直線，吃麵條，跑
步。

12

同班同學，戲劇，尼姑，被燙到
（煙、熨斗、熱湯、燭火）遭龍獅虎
豹攻擊，火災，一個嬰兒，孫女，外
孫女，冷氣機，妹妹，女工，服務生
（小妹），生肖屬豬，丟掉，咬，同
學會，同樂會，橋上，離開，登機，
東邊，背心，裙子，地上淹水，熨
斗。

13

蛋類，殯儀館，墳墓，長傘，圍裙，
沙龍，一件衣服，一條圍巾，絲巾，
三角內褲，墳場，死亡，長指甲，正
常，貓，魚竿，馬路，地震，竹林，
陽台上，賣房子，溪流，地震，打牌
時（譬如 4、5 萬，聽 3、6 萬，而自
摸一張 3 萬時）。

14

溺水，一包餅乾，掉了一個包包，普通坐墊，手提一個行李箱，四張車，四張車票，信封，楓樹，判刑，判死，條狀大便，去世，出殯，相片，淹大水，岩石，小石子，身斜揹一個包包，屠殺者，兇手，謀殺動物，自己睡在床上，湖泊，細雨，處罰，床上被單，修女，蟲在地上爬，叢林，敵軍，恐怖的棺木。

15

斧頭，大刀，大支黑傘，出殯靈車，大巴士，交通車，手上戴了 1 支手錶，土地公，手撐 1 把傘，一條龍，揮手，拿著掃帚在掃地，拍照，妹夫，打巴掌，走開，墜機，將軍，肚子，恰恰舞，保險桿，獨木橋，短褲，岩岸，印章，天花板，面向東邊的門，枕頭，戶口名簿，瀑布。

16

雜誌，書刊，閱讀，考試，上班，上課，藝人，洗臉，大媳婦，女傭，對抗，醫院，鰻魚，釣竿，棉線，棉花，小學，橡皮擦，騎腳踏車，香蕉。

17

毛毯，短髮的女人（如藝人小 S 或于美人），奇怪的廟宇，教堂，奇怪的水族漁類，女警察，棉被，床單，單腳圓椅，槍枝，害怕，掃地，美女，大姐，缺一顆門牙，飛翔，騎馬，手推車，手機，馬靴，上衣，洗澡，蘋果汁，出門。

解夢

18

床舖，蜘蛛，汽車，遊覽車，白果，
藝術品，簽注，父親，看見一個男人
或者正與他談話，藝術家，周杰倫，
打官司，衣櫥，玻璃罐，保險桿，花
傘，藝術的房子。

19

蘋果，蕃茄，沖天炮，吧台，日記，
寵物，警嚇，幼貓，電線桿，救護
車，狗，死狗，妖性，鍊條，恐嚇，
半夜，後門，房間，蓋房子，水精靈
（馬英九）。

20

腳踏車，摩拖車被載或騎，2 個一餅
（麻將），草堆，垃圾廢紙堆，翻動
垃圾，嚎啕大哭，冒煙機車，燒焦
味，煙霧，撞到額頭，碗盤，男女作
愛，女人抽煙，香煙，烹飪，大的，
打開，海底，眼睛，香爐。

21

手指，人排成 1 排（直、橫、坐），
地圖，路標，乳牛，引人注意的豪放
女，露胸，新潮的少年，靈異恐懼，
牙刷，手夾 1 根香煙，阿姨，小老
婆，男同學，老板娘，竹板，新竹，
副總，蜜蜂，下橋，出海，海上，海
邊。

22

迷路，走入迷宮，機場大廈，穿同樣制服的人或學生，鬼魅，尿床，逛百貨公司，出境，一群兔子蹦蹦跳跳，烤鴨吊在櫥窗內，婆婆，離婚，遺失，敵人，住院，污漬，紅龜糕。

23

眼睛，小孩子衣服，科技產品，玩遊
戲，照相錄影活動，消防車，2 張 3
餅（麻將）手機壞了，2 隻鳥在對
話，跳舞，壞人，囚犯，新郎，娘
家，大伯，透明膠，爬山，蟾蜍，紅
綠燈，買衣服，假山，出海坐船，划
船，看到倒影，穿新衣。

24

老師，尿尿，屎，護士，喝茶，飲
料，咖啡，嘔吐，有人去世，香水，
下大雨，四人一起打麻將，假人，女
友，禮物，色狼，相助，拼命，海
面，海水，牛肉湯，女人洗澡，和
尚。

25

游泳，一雙拖鞋，舊情人相見，誘惑，洗手，紙鈔，使用筷子夾菜，粽子，拍手鼓掌，未婚，假鈔，國家，眼鏡蛇，做客，生氣，海岸線，握手，圖章，圖書店，龜苓膏，糖果，家，捕鼠器，巧克力，情色趣聞。

26

縫衣針，生病，走草坪的路，新娘，
結婚，婚禮上，二張北風，女兒，紅
娘，長輩，男同事，籠子，挾持，打
針，看病，受傷，神靈，龍蝦，游
泳，追逐，草原，蓮子，窗外，喜
宴。

27

鈔票往來，錢，女人騎腳踏車，摩拖車，坐著或站著在公車上，花朵（各式各樣的花），舞女，跳舞，走水泥柏油大道，汽車遊艇，親戚，皮夾，旅館，現場，牙齒，收音機，迪士可，合照，相機，慶祝會，內褲，理髮燙髮，催促，寶特瓶，女人抱或揹小孩。

28

手飾，戒指耳環，愛撫溫存，穿古裝
戲服，天空異象，卡車，慶典遊行，
偷竊，男人手抱嬰兒，娘家，被偷，
陀螺，安全帽，尼龍線，毛線。

29

熨斗，燙衣服，冷氣機，吹風機，電熱器，沙漠，海盜，虎，豬，圖案，燙髮，放鞭炮，臥房，雷擊，觸電，摺紙，夫妻情人吵架。

30

玻璃杯，柳丁，荔枝，演員（林青霞，李連杰），碗，有色汽球，佛壇，坑洞，滿足，櫃子，獸籠，紙箱，皮包，載貨的貨車，水池，水缸，石頭，硬幣，一串葡萄或葡萄園。

31

橘子，衣架，衣服吊在櫃子內，問路，抄背地址，自殺，傭僕，同見父母親，多人橫睡，柳丁切片，1 隻鳥，條紋襯衫，染色的頭髮，孫子，奶媽，房東（店主）老板，商店，船伕，船上，海邊，彩色筆，蚊子，餐巾紙，查看路標。

32

很多小孩，學生，扣子，植物，老師們，書本，蚊子，蒼蠅，落葉枯木，一堆烤鴨吊在櫥窗內，表姐，找工作，腦炎，羽毛，鵝，廟內，新曆，開船，河邊。

33

畫畫，流水，瀑布，蛋糕，火災，下雨，女人內褲，漁翁，鐵鍊，上山，漁船，仰望，釣魚，瓦斯爐，黑衣服（洋裝），黑狗，火焰，服飾店，三明治，煮熟的蝦子，一大堆鳥，軍人，摔倒，廟外，蝴蝶，蜜蜂，長褲，女人內衣，城牆。

34

鎖頭，門板，衣服摺置，一屋子的衣服掛在牆面，街頭賣藝，藝人表演，生重病，日式紙門，拉門，三張紅中，三張白皮，身上或衣服沾到屎，生病住院，火精靈，一屋子蟑螂，蚊子，蒼蠅拍，狂風暴雨，田地，陽台下，馬桶，日光燈，粽子。

35

菜刀，乩童，養殖場，刀槍，游泳池，五金工具，火車，舞弄刀劍棍棒，武器，裙子，小偷，多個花瓶，貿易部門，松鼠，蜈蚣，玩耍，長褲，嚇醒，火山口，沙岸，酸梅，家裡的電燈，電話。

36

刀劍，報紙，總統，二手貨買賣，雜誌，糞坑，泥漿，錢櫃，提款機，活蝦，新郎，情侶，男藝人，男友，破了的玻璃，羊，上學，玩電腦，跳蚤市場，布簾。

37

長髮的女人，官階，女鬼，理髮師，剪刀，打針，刺繡，長階梯，考試，廁所內梳洗，飛機起降，女人洋裝，三條棉被，電梯，形狀，玩具，青蛙，下車，搭車，倒車，追求，馬路，儲藏室，日式和服，妻子變瘦。

38

城堡，牀，鬼性，古宅，孿宮，律
師，偷窺作愛，女性朋友，女司機，
蟑螂，電蚊拍，三溫暖，電話線。

39

行李箱，神明，奶奶（長輩），馬英九，租房工作，麵包，糕餅，火焰烤箱，神廟，大庭院，古厝，房子，觀世音菩薩，很多大象，野狗，河川。

解夢

40

塞車，受困，救護車，看診，審判，坐牢監禁，醫院，升遷請調，多部摩托車，汽車，剪腳趾甲，多種不同圖形水果，很多，電池，淹大水，吃飯，手腳僵硬，趕路開車。

41

甘蔗園，一堆竹子，小鳥棲樹一整
排，法官，法師，長官上司，泥濘
路，滑倒，香水，腳趾頭，被偷或掉
了一個包包，鳥類跳舞，一盆豆芽，
醉客，塑膠管，送人，市場，市集，
老色狼，側臥，牙齒，孝服，水草，
油料，蔬菜捲。

42

寄信，收信，火車，遊覽車上，吃
飯，習近平，塑膠瓶，手電筒，立法
院，總統，彎身，出遊，罰單，水池
污水，死很多人（意外）。

43

浴缸，花生糖，墳場，貨櫃車，漁船，鐵塔，家庭劇院，很多鳥，一屋子的衣服。

44

旗子，旗竿，帆船，罰單，信用卡，
被搶，抽煙，死去的人，麻將，玉米
田，一屋子都是門，4 張紅中，4 張
白皮，坐牢，便宜，排水，考試券，
電梯，拖車，棺材。

45

藝人打球，四方型手錶，壁爐，開
刀，修車，鞋店，鳳梨，球員（王建
民，陳偉殷），女人絲襪，西瓜，棒
球比賽，賽跑，開口的蛤仔，襪舍。

46

鋼琴，泡菜，電影，打羽球，不睡，
四合院，大巴士。

47

開刀，百合，病人，多個女人，女人
搭電梯，殺蟲劑，自己看電視，西藥
房，煮魚，鯊魚，年次。

48

豬（生肖，年次），很多男人，去逝的男人長者，犯人，修輪胎，齒輪，誘惑，蝴蝶結，女王，一大堆的螞蟻。

49

睡覺，鼠（生肖），菊花，急救，惡犬，九把刀，結帳，大岩壁。

解夢

九星局（機率牌，尾數）

一白 8 尾（28）
二黑 28＋2 尾
三碧 5 尾
四綠 4 尾
五黃 1×5×6 尾
六白 5 尾（05）
七赤 7 尾（37）×3 尾
八白 3 尾（43）
九紫 8 尾（18）

時勢牌：如端午節前後注意 4、5 尾
父親節：8 尾
母親節：7×9 尾
情人節：雙生牌 22、7×8 尾
新年：01～49 和 22、24、42
軍人節：8 尾甚至多支＋33
中秋節：01、10、08、15

六十甲子拖牌法

適用於（539）（大樂透）（六合彩）
（威力彩）

甲子金 7 尾
甲戌火 7、9 尾
甲申水 6、7、3 尾
甲午金 7 尾
甲辰火 7、9 尾
甲寅水 6、7、3 尾

乙丑金 8 尾
乙亥火 2 尾
乙酉水 3 尾
乙未金 8 尾
乙巳火 2、6、7 尾
乙卯水 1、2 尾

解夢

01-49 號發財祕笈

丙寅火9尾
丙子水3尾
丙戌土2、3、4尾
丙甲火9尾
丙午水3、9尾
丙辰土3、4、5尾

丁卯火04＋8、2、0尾
丁丑水8、4、0尾
丁亥土4、3、7尾
丁酉火5、9、0尾
丁未水7、8、0尾
丁巳土8、9、0尾

戊辰木1、3、4、8尾
戊寅土8、0尾
戊子火5、7、9尾
戊戌木4、8、0尾
戊申土8、0、3尾

戊午火 2、5 尾

己巳木 2、4、9 尾
己卯土 4、5、6 尾
己丑火 2、9、0 尾
己亥木 5、6、8、9 尾
己酉土 2、9、7、0 尾
己未火 2、8、尾

庚午土 2、3、5、8 尾
庚辰金 5、7、4 尾
庚寅木 3、5、8、6、9 尾
庚子土 3、4、5、6 尾
庚戌金 4、5、6、7 尾
庚申木 2、8、0 尾

辛未土 6、5、4 尾
辛巳金 5、6、7 尾
辛卯木 8、0 尾（注意 8 尾多支）

辛丑金 3、6 尾
辛亥金 3、6、8 尾
辛酉木 3、4、5、7 尾

壬申金 5、6、7、8 尾
壬午木 6、7、8 尾
壬辰水 1、5、7 尾
壬寅金 5、6、7、8 尾
壬子木 8、0 尾
壬戌水 4、5、6、7 尾

癸酉金 7、3、4、5 尾
癸未木 1、7、9、6 尾
癸巳水 3、1、6 尾
癸卯金 3、4、5 尾
癸丑木 7、5＋雙生牌
癸亥水 5、7、8 尾

備註：

六十甲子拖牌法請搭配九星局一起參考使用，中獎機率比較高。

一般農民曆皆有載明日期、星期、九星格局和六十甲子等資料，請讀者自行翻閱。

國家圖書館出版品預行編目資料

解夢：01-49號發財祕笈／奇來兒著. --初版. --
新北市：奇來兒，2022.7
　　面；　公分
ISBN 978-626-01-0157-2（平裝）
1.CST: 占夢 2.CST: 解夢
292.92　　　　　　　　　　　　　111008171

解夢：01-49號發財祕笈

作　　者　　奇來兒
校　　對　　奇來兒
出版發行　　奇來兒
　　　　　　電郵：w0911807820@gmail.com
　　　　　　電話：0911807820
設計編印　　白象文化事業有限公司
　　　　　　專案主編：黃麗穎　　　經紀人：廖書湘
經銷代理　　白象文化事業有限公司
　　　　　　412台中市大里區科技路1號8樓之2（台中軟體園區）
　　　　　　出版專線：(04)2496-5995　　傳真：(04)2496-9901
　　　　　　401台中市東區和平街228巷44號（經銷部）
　　　　　　購書專線：(04)2220-8589　　傳真：(04)2220-8505
印　　刷　　百通科技股份有限公司
初版一刷　　2022 年 7 月
定　　價　　280 元

白象文化　印書小舖　PressStore　出版・經銷・宣傳・設計
www.EiephantWhite.com.tw　f 自費出版的領導者　購書 白象文化生活館